Tollkühne Streifzüge durchs ABC

mit den **BOLCKOS**

Nadin Franke & Birgit Enderlein

Tollkühne Streifzüge durchs ABC mit den Bolckos
Nadin Franke & Birgit Enderlein

Impressum:
©/Copyright: 2019 Nadin Franke und Birgit Enderlein
Umschlaggestaltung und Illustrationen: Nadin Franke
Texte: Nadin Franke und Birgit Enderlein
Druck: Schönwerk GmbH, Köln

ISBN Hardcover: 978-3-946238-15-7

Das Werk, einschließlich seiner Teile, ist urheberrechtlich geschützt. Jede Verwertung ist ohne Zustimmung der Autoren unzulässig. Dies gilt insbesondere für die elektronische oder sonstige Vervielfältigung, Übersetzung, Verbreitung und öffentliche Zugänglichmachung.

Bibliografische Information der Deutschen Nationalbibliothek:
Die Deutsche Nationalbibliothek verzeichnet diese Publikation in der Deutschen Nationalbibliografie; detaillierte bibliografische Daten sind im Internet über http://dnb.d-nb.de abrufbar.

Diese Buch wurde mit Ressourcen von Freepik.com erstellt.

Ein besonderes Dankeschön an dieser Stelle an Martin Krüger für sein Vertrauen und seine Unterstützung beim Realisieren dieses Buches!

„Phantasie ist wichtiger als Wissen,
denn Wissen ist begrenzt."
Albert Einstein

♥ Für Oma Irma und Heidrun Enderlein ♥

Aa

Der ausgebuffte Anton sitzt auf einem Apfel und angelt eine Ananas in der Abendsonne.

Die bezaubernde Bella backt einen Blaubeerkuchen mit Bananen, Backfisch und einer guten Prise Brimborium.

Cc

Im Zirkus teilt sich der coole Carlo mit dem charismatischen Chamäleon eine Currywurst. Da stimmt die Chemie!

Franz und
eine fabelhafte Flamingodame
haben Frühlingsgefühle.
Was für ein Firlefanz, denkt der flotte Fuchs.

Der geheimnisvolle Gustav gerät in ein grummelndes Gewitter. Gott sei Dank besitzt er einen großen, grünen Schirm. So ein Glückspilz!

Heiter spazieren Helene und ihr Honigkuchenpferd an einem Herbsttag am Hafen entlang. Zwei herrliche Hallodris!

Auf einer einsamen Insel sitzen die immersüße Ida und der Igel-Häuptling und schmöken eine Friedenspfeife. Irre verpufft!

Auf einer Kuckucksuhr knabbern Kraftprotz Knut und ein Kölner Kaninchen knusprige Kekse zum Kaffeekränzchen.

In einem Luftschloss lachen Lotta und ein liebenswerter Löwe lautstark über Larifari. Ein lustiges Lotterleben!

Nimmersatt Nuri badet und schlemmt mit ihrem Nilpferd nachts im Nussnougatbad. Zwei Naschkatzen!

Obacht!
Als Osterhase verkleidet sitzt Ole in der Obstschale und schießt mit Orangen.

Pit und sein putziger Bruder Pat führen Papierkrieg mit pummeligen Pinguinen aus Pappe. Piepmatz Papperlapapp!

Pp

Quennie springt quietschfidel als Erste in den Quark zu den Quallen. Was für ein quirliger Quatsch!

Durch eine sternenklare Nacht segeln Sepp und ein Schneemann auf Seepferdchen und fangen Sternschnuppen.

Theo trottet auf dem Trödelmarkt herum und tauscht seinen Tintenfisch im Turnbeutel gegen einen trägen Truthahn in der Tragetasche.

In einem uralten U-Boot tauchen der unglaubliche Utz und sein Uhu hinab und entdecken ulkiges Unkraut unten auf dem Meeresboden... Ui ui ui!

Vico verliebt sich in ein verrücktes Vielfraß und schenkt ihm ein Vergissmeinnicht. Verliebt. Verlobt. Verheiratet?

Xea wandert mit einem flinken Xylophon durch x-beliebige Berge.

Zara und ein zotteliges Zebra wagen eine zittrige Zeitreise in einer wilden Zitrone und zaudern kurz vor dem Start.

Hinter den Bolckos stecken das Grafikduo Nadin Franke und Birgit Enderlein aus Köln.

Nadin Franke verbrachte ihre Kindheit in Afrika und im thüringischen Ilmenau. Schon mit ihrer Oma tauchte sie auf Streifzügen durch Wald und Wiesen in Märchen- und Phantasiewelten ab und hat sich diese Gabe auch bis heute bewahrt. Ihr erstes eigenes Bilderbüchlein zeichnete sie im Alter von 7 Jahren.

Birgit Enderlein, geboren und aufgewachsen in Dresden und Mutter von zwei Söhnen. Als Kind schon liebte sie es mit ihrem Opa am Frühstückstisch im flachsig verbalen Schlagabtausch den Tag zu besprechen und heute lebt sie das auch über das Frühstück hinaus mit ihren beiden Jungs aus.

Durch unser gemeinsames Faible für Bücherläden und Kinderbücher war schnell die Idee für ein gemeinsames Kinderbuch und die Bolckos geboren.

GEWINNSPIEL

Wir verlosen 10 limitierte und handsignierte Bolcko-Beutel samt Lesezeichen und Häkelanleitung.

Wir möchten gern von dir wissen, welche deine Lieblingsseite ist!

In Zusammenarbeit und dank Sameko Design haben wir unsere Bolckos nochmal ganz anders zum Leben erweckt. Hinter den Kulissen von Sameko Design steckt der kreative Kopf Sabrina, eine Häkeldesignerin aus Chemnitz. Auf Etsy veröffentlicht sie die Anleitungen zu ihren eigenen Kreationen. Schaut gern auf ihrer Webseite www.sameko-design.de vorbei und lasst euch von den wundervollen Geschöpfen namens Samekos verzaubern.

Für uns hat sie nun unseren Emil und Theo kreiert. Ab jetzt könnt ihr die Häkelanleitung dazu auf Etsy mit der ultimativen MEGA Bolcko-Box erwerben.

Dafür musst du nur Folgendes tun:
1. Fotografiere deine Lieblingsseite im Buch.
2. Poste dieses Bild auf Instagram und verlinke unser Profil (@bolcko_abc) und nenne folgende Hashtags: #bolckos und #tollkühnestreifzügedurchsabc

Viel Glück beim Gewinnspiel! Das Gewinnspiel endet mit dem 10. Beutel.

Die BOLCKOS

Emil

Theo

Ruth

Sepp

Utz

Vico

Jo

Knut

Lotta

Milo

Carlo

Don

Nuri

Anton